D1136387

L'histoire
de Louis Braille

MA PETITE VACHE A MAL AUX PATTES

Titres récents :

L'histoire de Louis Braille

un roman écrit par Danielle Vaillancourt

illustré par Francis Back

SOULIÈRES ÉDITEUR

case postale 36563 — 598, rue Victoria,
Saint-Lambert, Québec J4P 3S8

Soulières éditeur remercie le Conseil des Arts du Canada et la
SODEC de l'aide accordée à son programme de publication et
reconnaît l'aide financière du gouvernement du Canada par
l'entremise du Programme d'Aide au Développement de l'Industrie
de l'Édition (PADIÉ) pour ses activités d'édition. Soulières éditeur
bénéficie également du Programme de crédit d'impôt pour l'édition
de livres – Gestion Sodec – du gouvernement du Québec.

Dépôt légal: 2001
Bibliothèque nationale du Canada
Bibliothèque nationale du Québec

Données de catalogage avant publication (Canada)

Vaillancourt, Danielle

L'histoire de Louis Braille
Collection ma petite vache a mal aux pattes ; 33

ISBN 2-922225-53-4

I. Braille, Louis (1809-1842) - Roman, nouvelles, etc.
pour la jeunesse.
I. Back, Francis. II. Titre. III Collection

PS8593.A525H57 2001 jC843'.6 C2001-940830-7
PS9593.A525H57 2001
PZ23.V34Hi 2001

Conception graphique de la couverture:
Annie Pencrec'h

Logo de la collection:
Caroline Merola

À ma fille Marlène
et à mes amies
Pauline Gagnon
et Carole Zabihaylo

Remerciements

Un grand merci à Dominique Demers, Lucie Papineau et Gilles Tibo pour le soutien et les encouragements manifestés tout au long de la réalisation de ce premier livre.

1

À cette époque

Même si elle est romancée, l'histoire de Louis Braille est vraie. Vraie comme la Terre tourne autour du Soleil, vraie comme le Soleil réchauffe le monde, vraie comme les enfants grandissent...

Louis Braille est né le 4 janvier 1809 à Coupvray, un village situé à une cinquantaine de kilomètres de Paris, en France. Monique, sa mère, et Simon-René, son père, avaient déjà trois enfants. Ils habitaient une grande maison en bordure du village.

À cette époque, la radio, la télévision et l'ordinateur n'existaient pas encore. On se promenait en calèche et on travaillait aux champs en utilisant la force des boeufs et des chevaux.

Simon-René, le père de Louis Braille, fabriquait des selles pour les chevaux.

Comme l'automobile n'avait pas encore été inventée, le sellier était aussi indispensable que le boulanger, le tisserand, le médecin ou le cultivateur.

2

L'atelier

À trois ans, Louis débordait de vie. Du matin au soir, sa curiosité lui faisait poser mille questions. Pourquoiceci? Commentcela? À quoi ça sert ? Puis-je toucher?

La maman, souvent épuisée par ses innombrables questions, lui demandait de rejoindre son père dans l'atelier, derrière la maison. Louis adorait cet endroit plein de mystères. Il aimait l'odeur du cuir huilé, les outils brillants, les couteaux, les poinçons pour trouer le cuir et toutes ces peaux qui allaient devenir, à force de travail, de magnifiques selles.

Louis regardait travailler son père avec fascination. Il passait des heures et des heures à l'épier. Le sellier rêvait de voir son fils lui succéder et devenir le meilleur artisan de Coupvray. Il lui expliquait patiemment les secrets du métier.

Au fil des jours, Simon-René répétait :

— Louis, tu peux venir me voir aussi souvent que tu le désires. Tes questions et

ta joie de vivre me réchauffent le coeur mais… mais je t'interdis d'entrer dans l'atelier lorsque je m'absente. Cet endroit est trop dangereux pour toi!

Chaque fois, le petit Louis hochait la tête pour signifier à son père qu'il avait bien compris.

3

Louis fait une bêtise

Un jour, comme à son habitude, Monique travaillait au jardin. Louis jouait, chantait et posait mille questions. À bout de patience, la maman, exaspérée, demanda à son fils de rejoindre son père à l'atelier.

Louis trouva Simon-René à l'extérieur de l'atelier, fort occupé à ajuster une selle sur le dos d'un cheval récalcitrant.

Lorsque son père monta à cheval pour vérifier l'état de la nouvelle selle, Louis oublia la consigne souvent répétée. Il entra dans l'atelier et se dirigea vers l'établi, là où les outils brillaient sous les rayons du soleil. Il grimpa sur un tabouret et s'empara d'un poinçon. Il saisit un morceau de cuir et voulut le percer en imitant les gestes de son père.

Louis poussa sur le poinçon de toutes ses forces, mais il ne parvint pas à trouer le cuir. Frustré, il recommença en appuyant le manche dans la paume de sa main. Mais il ne réussit qu'à égratigner la surface du morceau. Alors, il changea de tactique. Il s'agenouilla sur l'établi, se pencha, et appuya de tout son poids sur le poinçon en approchant son visage du morceau de cuir. Malheureusement, le poinçon glissa de ses

mains inexpérimentées. Emportée par son élan, la pointe acérée bifurqua et se planta dans l'oeil de Louis.

Il cria tellement fort que tout le village l'entendit.

Plusieurs curieux se précipitèrent dans l'atelier. Louis pleurait, les deux mains couvrant son visage ensanglanté. La mère, alertée par les cris, se précipita sur les lieux du drame. Elle saisit un linge qui traînait sur l'établi, s'agenouilla et enlaça son enfant. Puis, croyant bien faire, elle appliqua le linge souillé sur l'oeil blessé et tenta de réconforter son petit. Mais la douleur était trop atroce. Louis était inconsolable.

4

L'infection

Les jours qui suivirent l'accident se trans-
formèrent en véritable cauchemar pour la
famille Braille. La mère fit appel à une vieille
femme du village qui, disait-on, possédait

des dons de guérisseuse. Elle tenta de soigner Louis avec des emplâtres à base de nénuphars, mais plutôt que de guérir, l'infection se propagea.

Les parents, de plus en plus inquiets, consultèrent un médecin. Celui-ci leur proposa de baigner l'oeil dans de l'eau claire, d'attendre patiemment et de prier Dieu. À cette époque, la médecine ne connaissait rien à l'infection. Ce n'est qu'avec Louis Pasteur, un demi-siècle plus tard, que l'on découvrit l'existence des microbes.

Les jours suivants, la paupière de Louis enfla de plus en plus. L'infection provoqua de terribles démangeaisons. Louis se frottait sans cesse les paupières. Si bien qu'en quelques jours, l'infection gagna l'autre oeil. Sa vue devint embrouillée. Peu à peu, le monde se couvrit d'un voile s'épaississant au fil des semaines, devenant de plus en plus sombre, de plus en plus noir, jusqu'au jour où, pour Louis Braille, le soleil cessa de briller.

Désormais, Louis Braille était condamné à poursuivre sa vie en marchant dans les ténèbres.

5

La vie continue…

À cette époque, de nombreuses légendes et croyances populaires accordaient des pouvoirs maléfiques aux aveugles. On les considérait comme des êtres punis de Dieu. Toucher un aveugle pouvait, paraît-il, enlever la vue. On craignait leur présence, on les évitait. Les aveugles dépendaient de leur entourage immédiat. Les familles pauvres ne pouvaient les nourrir. Alors, ils devaient mendier pour subsister.

Les parents de Louis n'étaient pas riches, mais pour eux, il n'était pas question d'abandonner cet enfant qu'ils adoraient ni de le prendre en pitié ni de le servir. Le petit devait apprendre à «faire les choses» comme disait Monique et à participer aux différentes tâches quotidiennes.

Au début, Louis se frappait contre les tables, les chaises. Il tombait souvent, se relevait et se cognait encore. Chacun avait envie de le protéger. Mais pour l'aider vraiment, ils devaient le laisser vivre ses propres expériences.

Encouragé par sa famille, Louis commença à se déplacer dans la maison à l'aide d'un bâton qui lui permettait de repérer les obstacles. Lorsqu'il fut capable de se déplacer d'une pièce à l'autre sans trop de difficulté, il poursuivit son périple à l'extérieur de la maison. Rapidement, Louis apprit à se servir de ses oreilles, de son odorat et de son toucher pour percevoir son environnement. Il se promenait dans le village et savait où se trouvait la boulangerie d'où émanaient de bonnes odeurs de pain. Il devinait qu'il n'était pas loin de la forge lorsqu'il entendait les bruits du marteau sur l'enclume. Il savait qu'il s'approchait des écuries lorsqu'il sentait l'odeur des chevaux. Ainsi, Louis apprenait à *voir* d'une tout autre manière.

Ses parents lui donnaient de plus en plus de responsabilités afin qu'il apprenne à se débrouiller. Il dressait la table, lavait la vaisselle et le plancher. Il savait huiler les peaux de cuir afin qu'elles deviennent souples. Chaque matin, il allait chercher les oeufs dans le poulailler et les rapportait sans les casser. Il était fier de lui, car il savait de mieux en mieux «faire les choses».

Malgré toutes ces petites victoires contre son handicap, Louis se heurtait à l'étroitesse d'esprit des villageois. Les adultes l'évitaient et les enfants refusaient de jouer avec lui. Si bien qu'au fil des mois, Louis, qui était d'un naturel joyeux, devint triste et solitaire. Il se replia sur lui-même et ne parla plus qu'à sa famille immédiate.

Parfois, pour passer le temps, il s'asseyait sur les marches, devant la maison, et saluait ceux ou celles qu'il reconnaissait. Il s'écriait, en écoutant des pas lourds et fatigués:

—Bonjour, monsieur Dupont!

On l'entendait dire au cordonnier:

—Toujours aussi pressé? Vous allez user vos semelles en traînant vos pieds de cette façon!

Il chuchotait, en respirant des parfums qu'il identifiait:

—Bonjour, madame Lemire!

Personne ne lui répondait. Chacun poursuivait son chemin en se demandant comment un enfant aveugle pouvait reconnaître les passants. Pour la plupart des gens, les aveugles étaient décidément des gens bizarres, curieux et un peu sorciers.

6

Le meilleur ami

Les années passèrent. À six ans, la plupart des enfants commençaient à fréquenter l'école du village. Mais pour Louis, les portes étaient fermées à double tour. Aucun aveugle n'y était admis. Il devait donc se contenter des besognes ménagères que ses parents lui confiaient.

Un après-midi, Louis lavait consciencieusement la vaisselle lorsque, tout à coup, on frappa à la porte: toc, toc, toc, toc, toc... toc, toc. Louis ne connaissait personne qui se présentait de cette façon. Intrigué, il se dirigea vers la porte qu'il ouvrit lentement. Même en se concentrant très fort, il n'arrivait pas à reconnaître l'étranger qui se tenait debout, immobile devant lui.

Après un court silence, l'étranger dit d'une voix grave:

—Bonjour, mon garçon, je m'appelle Jacques Palluy. Je suis le nouveau curé du village.

Louis ne vit pas la main tendue vers lui. Il baissa la tête et répondit:

—Mon nom à moi... c'est Louis... Louis Braille.

Ses gestes, son regard, ainsi que la façon de pencher la tête sur le côté, disaient «je suis aveugle». Alors, le curé s'approcha et saisit doucement la main de Louis pour la serrer dans la sienne.

—Enchanté de vous connaître, mon cher Louis Braille!

Louis fut touché. Un étranger était enchanté de le connaître! Ce compliment le remplit de joie. Il laissa sa main dans celle du curé et ajouta:

—Puisque vous êtes enchanté de me rencontrer, entrez quelques minutes, monsieur le curé!

Le curé accepta l'invitation et suivit ce drôle d'enfant qui le conduisait au salon.

À peine eut-il le temps de s'asseoir que le curé fut assailli par une rafale de questions:

—D'où venez-vous? Pourquoi êtes-vous devenu curé? C'est long les études pour être curé? À quel âge avez-vous décidé que vous seriez curé? Où est votre village? Qui sont vos parents ? Avez-vous des frères et des soeurs? Voulez-vous des biscuits? Un verre de lait? Aimez-vous les chocolats?

Au bout d'une heure d'interrogatoire, le nouveau curé, fasciné par cet étrange garçon, lui demanda:

—Et toi? Tu ne vas pas à l'école?

Pour toute réponse, Louis baissa la tête.

Le curé reprit:

—Tu es si curieux et avide de connaissances. Je n'ai jamais vu un garçon comme toi. Si tu le veux, et si tes parents acceptent, je pourrais devenir ton professeur…

Louis releva la tête et déclara avec enthousiasme:

— Oui ! Oui ! On commence tout de suite !

7

Apprendre...
Quel bonheur !

Ainsi, chaque matin après le petit-déjeuner, Louis quittait la maison paternelle et prenait la direction du presbytère. Il se dirigeait avec l'aide de sa canne en lui faisant faire des demi-cercles devant lui pour éviter les obstacles.

Par beau temps, il allait rejoindre son professeur au jardin du presbytère. Le curé commença par lui enseigner ce qu'il connaissait le mieux: l'histoire de Jésus. Ensuite, il lui raconta l'histoire de France: les rois, les reines, les guerres. Louis était fasciné. Il apprit à reconnaître les fleurs à leur parfum, leur forme et leur texture, à identifier le chant des oiseaux, le sifflement du merle, la trille du rossignol, le roucoulement des pigeons, à différencier le jour de la nuit et à connaître le cycle des saisons.

Louis était un élève enthousiaste, doté d'une mémoire phénoménale. Toujours plus curieux, il posait mille questions.

—Quel enfant brillant! répétait le curé aux gens de son entourage.

Mais, dans le village, personne ne voulait entendre parler de cet enfant. Chacun connaissait son nom et savait qu'il était le fils du sellier. Mais on préférait le désigner par sa différence: «l'aveugle».

Louis n'était pas le seul à être présenté de la sorte. Il y avait aussi Jean, Paul, Antoine et Pauline que l'on surnommait le bossu, le gros, le chauve, la sorcière.

Des mois passèrent. Certains habitants du village commencèrent à désapprouver l'amitié et la complicité entre le professeur et son jeune élève. La rumeur de mécontentement arriva aux oreilles du curé. Avant que la situation ne s'envenime, il s'empressa d'organiser une rencontre avec le maître d'école du village, monsieur Antoine Bécheret.

8

Antoine Bécheret, un vrai professeur.

Le curé dit à monsieur Bécheret:

—Louis est un élève sérieux et intelligent. Je vous implore de l'accepter dans votre classe.

Monsieur Bécheret était sceptique. Un aveugle dans la classe?

—Je ne crois pas que ce soit une bonne idée, répondit le maître d'école. Louis pourrait prendre la place d'un enfant sans problèmes. Un enfant aveugle peut-il vraiment apprendre comme les autres? De plus, je crains que sa présence ne perturbe les autres élèves.

Le curé insista:

—Il est petit, il ne prendra pas beaucoup de place. Faites un essai… juste un petit essai. S'il vous dérange une fois, une seule fois, vous le renverrez chez lui!

Monsieur Bécheret accepta en pensant :

«Il ne tiendra pas plus de deux semaines! Il ne pourra jamais apprendre comme un enfant normal.»

Le lendemain matin, Louis, le coeur battant et les mains moites, se présenta à l'école du village. Tous les élèves le dévisageaient en chuchotant: «Regarde ses yeux comme ils sont étranges! T'as vu ses mains, ses pieds, ce visage sans expression!»

Monsieur Bécheret demanda le silence et fit asseoir Louis au fond de la classe.

À part quelques petits commentaires désobligeants, les deux premières semaines se passèrent sans anicroches. Le vieux maître oubliait souvent la présence de Louis. Il n'importunait personne, trop concentré, trop occupé à écouter et à retenir ce que le professeur enseignait.

Six mois plus tard, à la grande surprise de tous, Louis était toujours en classe. Rien ne le déconcentrait, ni la grimace du voisin, ni la poussière qui roule par terre, ni même la température. Il écoutait les paroles de son professeur de tout son coeur et de toutes ses oreilles. Dès que monsieur Bécheret posait une question, Louis levait la main pour donner la bonne réponse. Il était devenu le meilleur élève de la classe.

Mais, lorsque le maître demandait aux élèves d'ouvrir leur livre de lecture, Louis avait subitement mal au ventre. Il lui venait une envie de pleurer devant tous ces mots invisibles, tous ces mystères qu'il ne pouvait percer, tout ce savoir auquel il n'avait pas accès.

Les larmes aux yeux, il ouvrait les livres et caressait doucement les pages en pensant: «ceux qui voient sont tellement chanceux. Ils peuvent lire par eux-mêmes. Moi, je dois attendre qu'on me fasse la lecture.»

Lors d'une rencontre avec son ami le curé, Louis exprima sa frustration:

—Un jour, je saurai lire, monsieur le curé. Vous verrez!

Le curé, inquiet, lui répondit:

—Louis, tu es chanceux de fréquenter l'école. Tu en connais déjà plus que les autres aveugles. Mais lire? ce sera impossible!

—Un jour, je saurai lire. Je vous le dis! répondit Louis.

9

Un beau matin d'été

Les années passèrent. Louis continua à fréquenter l'école du village. Par une belle journée de juillet, alors qu'il dressait la table, quelqu'un frappa à la porte d'une façon familière.

Toc, toc, toc, toc, toc… toc, toc.

Louis reconnut immédiatement son visiteur et s'empressa de l'accueillir. Le curé frétillait sur le seuil de la porte. Tous ses sens en alerte, Louis l'invita au salon, le pressant de questions:

—Que se passe-t-il ce matin? Quelque chose me dit que vous êtes de bonne humeur!

Le curé répondit:

—Mon petit Louis, j'ai découvert une école spécialisée où l'on enseigne la lecture aux aveugles!

Louis se leva d'un bond et se mit à danser et à chanter:

— Je vais apprendre à lire ! Je vais apprendre à lire!La, la, la, lalère !

Au bout d'un moment, Louis cessa de danser, se tourna vers le curé et demanda:

—Où est cette école?

Le curé expliqua que l'*Institut Royal pour enfants aveugles*, se trouvait à Paris, dans la grande ville. Pour y étudier, Louis devait devenir pensionnaire.

—Pensionnaire! Mais que signifie ce mot?

—Paris est loin de notre village. Être pensionnaire signifie que tu habiteras à l'institut, du mois de septembre au mois de juin. L'été, tu reviendras dans ta famille.

Louis pencha la tête en songeant qu'il devrait quitter sa famille et son village. Quelques minutes plus tard, il dit d'une voix tremblotante:

—Je veux apprendre à lire! Même si je dois m'éloigner de ceux que j'aime.

❏

Après une longue discussion avec le curé, les parents acceptèrent de laisser partir leur fils âgé de dix ans. Les semaines précédant son départ furent chargées d'émotions. Louis, aidé par sa mère et son père, se prépara à partir en rêvant au jour où il pourrait enfin apprendre à lire.

10

Le départ

Le jour du grand départ arriva. Le 15 février 1819, à sept heures du matin, toute la famille Braille et leurs amis firent leurs adieux et souhaitèrent bonne chance à Louis. Sa mère le serra dans ses bras puis, le coeur meurtri, elle regarda la calèche disparaître dans les brumes du petit matin.

Le père de Louis l'accompagna jusqu'à Paris. Tout au long du trajet, il lui fit une description détaillée du paysage qui défilait sous ses yeux. Ils traversèrent des collines, de grands champs qui sentaient le blé, l'avoine, les fines herbes. Puis l'odeur des champs fut remplacée par de nouveaux parfums. La route de terre se transforma en route pavée de pierres. Les rumeurs de Paris envahirent les oreilles de Louis dont le coeur battait à tout rompre.

L'*Institut Royal pour enfants aveugles* avait été construit dans un des quartiers les plus pauvres de Paris. La bâtisse, mal chauffée, sentait l'humidité. Des gouttelettes d'eau perlaient sur les murs, des odeurs

de pourriture flottaient dans les classes et les corridors. On y gelait en hiver, on y suffoquait en été. Pour bien des gens, les aveugles ne méritaient pas mieux que cela. Leur fournir une école, des professeurs et une formation minimale s'avérait déjà une grande générosité.

Pendant les premières semaines, Louis trouva la vie à l'institut excessivement pénible. L'air frais de son village et la voix douce de sa mère lui manquaient énormément. La nuit, il se blottissait au fond de son lit. Les bruits du dortoir l'effrayaient. Il ne trouvait le sommeil qu'après avoir pleuré longuement.

Un soir, alors qu'il sanglotait dans son oreiller, Louis entendit une voix venant du lit voisin:

—Psst… Psst… Je m'appelle Gabriel Gauthier. Quel est ton nom?

Louis sécha ses larmes, se présenta, et dit à Gabriel:

—Je m'ennuie de ma famille, de mon village… Penses-tu que je vais m'habituer à vivre ici?

Gabriel le rassura:

—Mais oui… Mais oui… Demain, je te ferai visiter l'institut. Tu n'auras qu'à mettre ta main sur mon épaule et me suivre!

Gabriel enfouit sa tête sous son oreiller. Louis s'endormit en rêvant qu'il se déplaçait librement dans les couloirs de l'institut en compagnie de son nouveau compagnon.

11

Les lettres de bois

À l'époque, on avait effectué des recherches afin de trouver la meilleure méthode pour expliquer l'alphabet aux aveugles.

L'utilisation des lettres de bois avait été retenue par l'institut. Les aveugles manipulaient de grosses lettres de bois et apprenaient leurs formes. Plusieurs élèves se décourageaient au premier essai. Ils se disaient:

—Je suis incapable… Je n'y arriverai jamais… C'est inutile d'essayer.

Louis n'était pas plus doué que les autres enfants, mais il ne se décourageait jamais. Il apprivoisa les lettres une à une et finit par connaître tout l'alphabet.

Ensuite, lors de la deuxième étape de l'apprentissage, il fallait joindre les lettres ensemble pour en faire des mots puis, enfin, joindre les mots pour en faire des phrases.

Les enfants avaient à leur disposition des livres avec des lettres en relief. Chaque lettre mesurait sept centimètres de haut afin que les doigts puissent les palper. Mais il fallait tellement de temps pour décoder chaque mot que, souvent, à la fin de la phrase, les enfants en avaient oublié le début.

Lorsqu'il n'arrivait pas à lire une phrase correctement, Louis se disait:

«Ce n'est qu'une petite phrase de rien du tout. Je recommence et, cette fois, je vais réussir.»

Malgré son enthousiasme, Louis avait vite compris que la lecture serait toujours une tâche très ardue. De plus, les livres étaient fabriqués avec du carton. Ils étaient lourds, énormes et difficiles à manipuler.

À l'institut, les enfants n'apprenaient pas seulement la lecture. Il y avait aussi les travaux pratiques. On leur montrait comment réparer des chaises, des souliers, des pantoufles. Louis était un élève habile.

Grâce à ses parents, il avait appris très jeune à «faire les choses».

La bibliothèque de l'école était l'endroit préféré de Louis. Il s'y réfugiait souvent. Dans le silence, ses doigts agiles parcouraient les pages. Ainsi, il put lire des livres religieux et des manuels de grammaire. Au bout de quelques mois, Louis avait lu tous les livres qui se trouvaient dans la bibliothèque: il y en avait quatorze en tout!

Chaque matin, Louis se précipitait à la bibliothèque, s'assoyait à une table et s'appliquait à relire sans cesse les mêmes livres. Il rangeait ensuite les volumes sur le rayon et empruntait le corridor qui menait au bureau du directeur. Il frappait à la porte: Toc toc toc toc toc… toc toc. La voix du directeur, monsieur Pignier, lui répondait:

—Entrez Louis!

Le directeur reconnaissait Louis parce qu'il venait cogner à sa porte chaque jour en répétant toujours la même question:

—Quand allez-vous acheter de nouveaux livres?

Le directeur répondait toujours:

—Nous n'avons pas d'argent. Contente-toi de ceux qui sont dans la bibliothèque.

Chaque jour, Louis reprenait sa routine habituelle et reposait son éternelle question. Le directeur était découragé. Louis refusait de comprendre. Il était persuadé que pour évoluer les aveugles devaient apprendre à lire. Il répétait à ses camarades:

—Si nous réussissons à nous instruire, nous serons respectés et nous pourrons exercer de vrais métiers.

Ses amis partageaient son opinion, mais personne ne savait comment l'aider.

12

Le capitaine Barbier

Au printemps de 1821, Louis était âgé de onze ans. Un dénommé Charles Barbier, capitaine de son métier, se présenta à l'institut. Le capitaine avait fait la guerre dans les tranchées. Souvent, l'obscurité empêchait les soldats de lire les messages envoyés par leurs supérieurs. Le capitaine Barbier avait fait de nombreuses recherches et avait inventé une méthode baptisée «l'écriture de nuit». Cette écriture était constituée de points en relief.

À son retour de la guerre, le capitaine se demandait à qui pourrait bien servir cette invention dont il était si fier. En se baladant dans les rues de Paris, il aperçut un aveugle qui traversait la rue. Il pensa aussitôt: «Mais oui! les aveugles! Ils sont toujours dans le noir, comment n'y ai-je pas pensé plus tôt! En plus de les aider à lire, mon invention pourra continuer d'exister.»

Chaque mot se découpait en sons. Chaque son correspondait à une série de points différents. Les points se faisaient à

l'aide d'un poinçon sur un papier très épais.
Ensuite, il suffisait de retourner le papier.
Les doigts pouvaient lire les points.

En plus d'être rapides à décoder, les
points formaient un code secret. Le capitaine était fier de sa trouvaille qui lui avait
valu de belles médailles.

Charles Barbier présenta «l'écriture de nuit» à la direction de l'institut. Malheureusement, le directeur ne se montra pas enthousiaste:

—Votre invention est brillante, mais il y a un gros problème. La plupart des enseignants voient, eux! Ils n'ont pas besoin de votre code secret.

Le capitaine, vexé, insista pour que sa méthode soit testée par les élèves eux-mêmes. Le directeur finit par accepter, sans conviction.

13

Les points

Les élèves de l'institut furent émerveillés par la méthode du capitaine Barbier. Ce fut une véritable révélation pour Louis, qui répétait sans cesse:

—Merveilleux! Extraordinaire! Les petits points sont plus faciles à lire que les grosses lettres!

Durant l'hiver qui suivit, les élèves apprirent la méthode Barbier. Louis et son copain Gabriel Gauthier s'amusèrent à s'envoyer des messages: *Barbier fait la barbe au directeur. La barbe du capitaine pique le barbier. On se rencontre à la bibliothèque.*

Cependant, «l'écriture de nuit» comportait de nombreux problèmes: impossible de ponctuer une phrase ou d'épeler un mot. Impossible d'écrire des chiffres. Impossible de noter la musique…

Louis tenta d'améliorer la méthode Barbier pendant plusieurs mois. Fier des résultats obtenus, il alla voir le directeur, monsieur Pignier, pour lui montrer ses trouvailles. Le directeur, surpris, invita le capitaine Barbier à rencontrer cet élève bien particulier.

À l'heure prévue, Louis était excessivement nerveux. Il quitta sa classe et se rendit au bureau du directeur. Comme d'habitude, il frappa à la porte: toc, toc, toc, toc, toc... toc, toc.

Le directeur s'exclama:

—Entre Louis!

Le capitaine serra la main de l'adolescent et dit d'un ton sarcastique:

—Comme ça, il paraît que vous avez amélioré ma méthode? Est-ce possible, jeune homme? Sachez que «l'écriture de nuit», nous a toujours très bien servis pendant la guerre. Cette méthode était, pour ainsi dire, excellente!

Louis répondit nerveusement:

—Heu... oui... monsieur Barbier. Votre méthode est géniale, mais il y a seulement un petit problème!

Le capitaine, qui tenait toujours la main de Louis dans la sienne, fronça les sourcils :

—Un problème avec ma méthode... à moi?

Louis s'empressa de répondre:

—Avec votre méthode, il n'y a pas de ponctuation. Il est impossible d'épeler les mots... et d'écrire les chiffres!

En entendant cette critique, le capitaine lâcha la main de Louis et donna un grand coup de poing sur la table:

—Comment ça, un problème de ponctuation? Un problème de chiffres? Qu'en avez-vous à faire? Vous êtes aveugle, jeune homme!

—Oh oui! Je suis aveugle depuis l'âge de trois ans… Je crois … Je ne me rappelle rien d'avant, mais…

Le capitaine hurla:

—Ta vie ne m'intéresse pas! Pourquoi vouloir épeler ou lire comme une personne normale?

Louis pencha la tête et répondit en murmurant:

—Monsieur, je veux lire pour les mêmes raisons que vous. Pour m'instruire, pour exercer un métier…

Le capitaine lui coupa la parole:

—Tu n'es qu'un pauvre petit aveugle. Ma méthode est très bien comme elle est… Contente-toi de me remercier… Et compte-toi chanceux que l'on s'occupe de tes semblables!

Sur cette déclaration fracassante, le capitaine se leva et quitta les lieux. Louis resta figé sur place. Son coeur battait à tout rompre. Des idées noires traversaient son esprit. Il se disait: «Nous serons toujours considérés comme des ignorants, des illettrés, des analphabètes, juste bons à mendier et à demander la charité.»

Les jours suivant cette rencontre mémorable furent très pénibles pour Louis. Il manquait d'enthousiasme. Il accomplissait ses tâches sans entrain. Mais, malgré cela, il gardait espoir. Les petits points du capitaine Barbier lui trottaient toujours dans la tête.

14

Louis réfléchit...

Pendant ses vacances d'été dans son village de Coupvray, Louis était obsédé par les petits points. Il s'emparait d'un papier, d'une planchette et d'un poinçon semblable à celui qui lui avait enlevé la vue et il s'appliquait à faire des trous. À longueur de journée, il faisait des tas de petits trous dans le papier.

Ensuite, il tournait la page et *regardait* le résultat avec ses doigts... Puis il recommençait, inlassablement, répétant les mêmes gestes pendant des heures, des jours, des semaines.

En le voyant, les gens du village murmuraient avec pitié:

—Pauvre petit, il s'amuse comme il peut. Il est si démuni, si dépourvu!

À son retour à l'institut Louis continuait avec ténacité son travail. Les surveillants et les professeurs de l'école épiaient Louis avec étonnement:

—Que peut-il bien fabriquer? Pourquoi s'acharner à faire des petits points?

Louis ne portait pas attention aux indiscrets et aux curieux. Il était concentré, absorbé par sa recherche: trouver une méthode efficace pour apprendre aux aveugles à lire et à écrire.

Pendant plus de trois ans, Louis tenta d'améliorer la méthode du capitaine Barbier. Il ajouta d'autres points, mais la lecture devenait plus compliquée. Impossible de lire rapidement. Ensuite, il tenta d'inventer d'autres procédés sans que rien ne le satisfasse entièrement.

Un jour d'été pourtant, Louis dessina une nouvelle figure de points sur le papier. Soudain, un éclair jaillit dans sa tête. Il venait de créer la base de l'alphabet Braille: une cellule de six points.

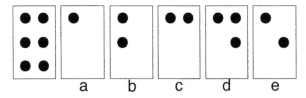

Avec cette méthode, cette simple figure de six points, il pouvait épeler, écrire chaque mot, ajouter la ponctuation et écrire des chiffres!

À quinze ans, après des années d'entêtement, Louis Braille venait enfin de trouver la solution. Il était si heureux de sa découverte qu'il n'en dormit pas de la nuit. Dans ses rêves les plus fous, il imaginait que tous les aveugles de la terre pouvaient lire, écrire et s'instruire.

15

Les petits procédés

Quand l'école recommença, Louis était plus excité que d'habitude. Il rassembla ses camarades et leur expliqua sa nouvelle invention. Tous étaient unanimes. Les «petits procédés», comme Louis les appelait, étaient simples, clairs, rapides et tellement plus pratiques que les autres méthodes. Les enfants poussaient des cris de joie:

— C'est merveilleux!

—Désormais, je vais pouvoir prendre des notes! Et les étudier plus tard!

—Je veux écrire mon journal!

Louis s'exclama:

—Nous pourrons enfin lire des livres d'histoire, de science et même des dictionnaires!

Soudain, la voix du directeur résonna:

—Que se passe-t-il ici ce matin? Pourquoi tout ce vacarme?

Louis répondit:

—C'est de ma faute, monsieur Pignier. J'ai inventé des «petits procédés» pour lire et écrire.

—Et… en quoi consistent ces *petits procédés*?

—Je vais vous faire une démonstration! Dictez-moi un poème, une chanson, ou un texte dans un livre!

Intrigué, le directeur invita Louis dans son bureau:

—Je vais te dicter un passage de la Bible. Écoute bien, je lirai lentement.

Louis s'empara d'un bout de papier, de son poinçon et il se mit au travail. Au bout d'un moment, il dit au directeur:

—Plus vite! Plus vite! Je peux aller beaucoup plus vite, vous savez!

De plus en plus étonné, le directeur accéléra le rythme de sa dictée. Quand il eut terminé sa lecture, Louis tourna sa feuille et, en lisant avec le bout de ses doigts, il répéta, mot pour mot, tout le texte.

Le directeur était abasourdi:

— C'est incroyable! Tu as réalisé tout ce travail tout seul?

— Oui, répondit Louis... Maintenant, il faut faire des livres, plein de nouveaux livres !

Estomaqué, le directeur répondit:

—Écoute, Louis, ta découverte est ingénieuse. J'en ferai part aux responsables des programmes. Mais il faudra du temps, beaucoup de temps et, surtout, beaucoup d'argent avant de pouvoir fabriquer des livres.

Louis baissa la tête:

—Bon, je serai patient. Mais j'espère que ce ne sera pas trop long...

Le directeur expédia des lettres à ses supérieurs au ministère de l'Instruction publique. Il leur expliqua qu'une nouvelle méthode de lecture avait été créée par un de ses élèves. Mais les réponses furent toutes négatives:

—Nous n'investirons pas dans votre nouvelle lubie!

—Nous avons déjà payé pour des livres...

—Pourquoi changer de méthode? Celle qui existe est excellente.

Pendant ce temps, Louis et ses camarades utilisaient chaque jour l'alphabet de petits points. Que faisaient les autres enfants aveugles de France et d'ailleurs? Louis ne cessait d'y penser.

16

La patience de Louis

À dix-neuf ans, Louis avait terminé ses études avec succès. Il excellait dans toutes les matières académiques, y compris les travaux manuels et le piano. De plus, il possédait un don de communicateur. Le directeur, très fier de cet élève hors du commun, lui proposa un poste de professeur.

Louis accepta avec enthousiasme. Il travaillerait à Paris et il ne serait plus à la charge de sa famille. De plus, il valait mieux rester dans la Ville lumière pour faire connaître son alphabet.

Louis eut droit à un petit salaire et à une chambre privée. Il mettait de longues heures à préparer ses cours et notait toutes ses idées en les retranscrivant avec ses petits points. C'était un professeur admiré de tous. Un de ses élèves écrivit un jour: *Louis Braille est un excellent pédagogue. Il reconnaît les enfants qui ont de la difficulté, il sait les réconforter et les encourager. Monsieur Braille ne se moque jamais d'un en-*

fant plus lent. Il explique doucement, sans élever le ton, et il est particulièrement gentil, ce qui est très rare.

Le jeune professeur aimait son travail. Il y mettait toute son énergie et tout son coeur. Il était si enthousiaste qu'il ne comptait pas les heures et se rendait souvent jusqu'au bord de l'épuisement. Pour se

détendre, il pratiquait le piano et l'orgue. Il fut même organiste dans plusieurs églises de Paris.

Mais son alphabet représentait pour lui la chose la plus importante de sa vie. Il commença donc, avec l'aide d'amis, à transcrire des livres avec son alphabet. Il y travaillait sans relâche et ne s'arrêtait souvent que tard dans la nuit.

Peu à peu, au fil des mois, des années, sa santé se détériora. Une toux persistante le tenaillait. Il était devenu tellement faible, qu'il avait du mal à monter les escaliers. Préparer et donner ses cours représentaient un effort énorme. Les élèves devaient tendre l'oreille pour entendre la voix essoufflée de leur professeur.

Un matin de 1835, à vingt-six ans, Louis fut trop fatigué pour se lever. Même avec toute la détermination qui le caractérisait, il était incapable de quitter son lit. Il resta couché, paralysé par la fièvre. Après un long examen, un médecin lui annonça qu'il avait la tuberculose*.

À l'écoute du diagnostic, Louis voulut crier à l'injustice. Il ne voulait pas mourir, ne

---

* Tuberculose : maladie infectieuse et contagieuse qui affecte les poumons.

pouvait pas mourir... Pas maintenant. Il pensait à son alphabet, à tous ces livres qu'il fallait recopier, à ses élèves qui l'attendaient.

À cette époque, la tuberculose était incurable. Aucun remède ne pouvait la guérir. Le médecin dit à Louis:

—Prenez des vacances. Ici, l'humidité et le froid sont intolérables! Je vous suggère l'air frais de la campagne!

Même s'il aimait bien sa famille, Louis ne voulait pas retourner dans son village. Il dormit de plus longues heures et fit de longues promenades dans les jardins de Paris. Petit à petit, Louis recouvra la santé si bien qu'il put reprendre son enseignement.

Mais il savait que ses jours étaient comptés. Il devait maintenant se concentrer sur son alphabet.

17

Le premier livre

Les années passèrent. Louis enseignait, jouait de la musique et entretenait plusieurs amitiés. Plusieurs fois par semaine, il se rendait au bureau du directeur et frappait à la porte:

—Toc, toc, toc, toc, toc…toc, toc.

La voix du directeur Pignier répondait à travers la cloison:

—Louis… il faut attendre! Je n'ai pas encore ramassé assez d'argent pour que l'on imprime ton livre!

Chaque fois, monsieur Pignier entendait les pas faibles de Louis s'éloigner dans le corridor.

Un jour, le directeur lui annonça la bonne nouvelle. Il avait enfin réussi à amasser des fonds. Louis fut si heureux qu'il s'élança vers lui et l'embrassa sur les deux joues.

Les deux hommes retroussèrent leurs manches et se mirent à l'ouvrage pour préparer les maquettes et la présentation du livre. Ainsi, le premier livre de Louis

Braille s'intitula: *Procédé pour écrire les paroles, la musique et le plain-chant* au moyen de points à l'usage des aveugles et disposés pour eux.*

Le premier livre destiné aux aveugles venait de voir le jour.

---

* Plain-chant : musique vocale de la liturgie catholique romaine.

Le docteur Pignier envoya plusieurs exemplaires du livre à des personnalités célèbres, riches et influentes. Toutes les réponses furent décevantes. Ce nouvel alphabet n'intéressait personne. Il fallait encore attendre, encore patienter, encore espérer. Louis détestait ces mots.

Louis avait maintenant trente ans. Il toussait beaucoup, la tuberculose l'affaiblissait considérablement. La mort se rapprochait chaque jour davantage et il n'avait qu'une mince consolation: l'institut utilisait l'alphabet dans les classes. Les élèves appréciaient chaque jour davantage les *petits procédés* pour prendre des notes et pour lire les livres que Louis avait minutieusement retranscrits.

18

Le nouveau directeur

Au début de l'année 1841, Louis ne pouvait se douter que sa vie changerait radicalement. Monsieur Pignier, devenu trop vieux, quitta l'institut et fut remplacé par le docteur Dufau, un homme autoritaire et d'une froideur cassante. Tous les élèves le détestaient. Le docteur Dufau n'aimait pas les changements et il se méfiait des nouvelles méthodes d'enseignement. Il voulait des professeurs autoritaires, sévères et sans douceur. En plus, le nouveau directeur n'aimait pas Louis Braille. Il le saluait sèchement et parlait de ses méthodes avec mépris:

—Oh! monsieur Braille! Vous travaillez toujours avec ces petits points idiots! Il existe pourtant une méthode avec de vraies lettres en relief, beaucoup plus connue, bien plus civilisée.

Louis tenta de lui expliquer son alphabet, mais il ne voulait rien comprendre. Louis avait perdu son principal allié. Sa santé ainsi que son moral se dégradèrent au fil des semaines. Son médecin lui conseilla encore une fois de quitter Paris et d'aller respirer l'air frais de la campagne. Puis il ajouta:

—Votre alphabet ne sera pas plus avancé si vous mourez dans deux semaines !

Quelques jours plus tard, miné par la tuberculose, Louis s'engouffra dans la diligence en partance pour Coupvray.

19

Repos obligatoire

Louis retrouva son village et sa famille. Malgré leur âge avancé, ses parents l'accueillirent à bras ouverts. L'amour, le repos, les bons petits plats et l'air pur rendirent à Louis les forces qui lui manquaient.

Six mois plus tard, il retournait à Paris où une série de mauvaises nouvelles l'attendaient. Le docteur Dufau avait interdit l'utilisation de son alphabet. Les élèves qui l'employaient étaient sévèrement punis. Le pauvre Louis était consterné. Il se rendit à la bibliothèque, fouilla les tablettes et, le coeur en miettes, demanda:

—Mais… Qu'est-il advenu des livres que j'ai retranscrits pour la bibliothèque?

Un étudiant, la voix brisée par le chagrin, lui murmura:

—Le directeur les a tous brûlés. Il déteste les points. Il les trouve idiots et il veut revenir à l'ancienne méthode, celle des lettres de bois.

Louis pencha la tête et s'éloigna en étouffant un sanglot.

Il vécut les semaines les plus difficiles de sa vie, accomplissant ses tâches quotidiennes sans aucun engouement. Même le son du piano était devenu morose et languissant. Il aurait sombré dans une dépression profonde s'il n'avait pas reçu l'appui de ses camarades de travail ainsi que de ses élèves. On lui répétait:

—Nous croyons à ton alphabet!

—Personne ne nous empêchera de l'utiliser!

—Jamais ils ne trouveront une méthode plus efficace!

20

Le nouveau professeur

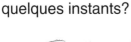

Par un bel après-midi d'automne, Louis, assis sur un banc de parc, profitait de la chaleur du soleil. Un homme s'approcha:

—Bonjour, monsieur Braille! Je me nomme Joseph Gaudet. Je suis le nouveau professeur de l'institut. Puis-je vous parler quelques instants?

Louis invita son visiteur à prendre place à ses côtés. Joseph Gaudet ajouta:

—On m'a dit que vous avez inventé une nouvelle façon de lire.

Louis serra les dents et ne répondit pas.

—On m'a dit que les élèves appréciaient tellement votre méthode qu'ils étaient prêts à désobéir à la consigne.

Louis se raidit sur le banc et ne répondit rien.

—Monsieur Braille, est-ce que vous m'écoutez?

En souriant tristement, Louis répondit:

—Il s'agit d'un alphabet. J'ai inventé un alphabet avec une cellule de six points. Voulez-vous que je vous l'explique?

—Bien sûr, répondit Joseph Gaudet.

Après quelques minutes d'explications, Louis sentit l'intérêt du professeur Gaudet:

—Cet alphabet est extraordinaire! Je comprends que les élèves l'apprécient autant! J'en parlerai au docteur Dufau dès demain!

Joseph Gaudet tint parole et expliqua, avec preuves à l'appui, les bienfaits de l'alphabet de Louis. Mais le directeur ne voulait rien comprendre. Alors Joseph Gaudet s'emporta:

—Malgré vos menaces et vos châtiments, les élèves ne laisseront jamais tomber cet alphabet! Cette invention passera à l'histoire! Il n'en tient qu'à vous de vous y associer…

Le docteur réfléchit longuement et finit par soupirer:

—Qu'ils s'en servent de leur alphabet, si cette invention est si extraordinaire…

Louis sentit l'espoir renaître à nouveau. Mais il n'était pas dupe. Il fallait de l'argent, beaucoup d'argent pour transcrire, enseigner et expliquer sa méthode.

21

Une démonstration étonnante

L'*Institut Royal pour enfants aveugles*, toujours logé dans des bâtiments sales et délabrés, tombait en décrépitude. Les murs étaient lézardés et des poutres menaçaient de céder. Il fallait absolument déménager.

Après avoir recueilli les fonds nécessaires, l'école emménagea dans de nouveaux locaux. Afin de remercier les nombreux donateurs, la direction de l'institut organisa l'inauguration dans la plus grande salle de l'école. Plusieurs membres du gouvernement, ainsi que les notables de Paris, s'y trouvaient.

Après de longs discours, le docteur Dufau prit enfin la parole. Il annonça à la foule qu'un de leurs professeurs, un dénommé Louis Braille, avait inventé une nouvelle façon de lire. Monsieur Dufau fit monter sur la scène une fillette aveugle afin d'illustrer son propos. Il ouvrit un livre et commença sa lecture. La fillette poinçonnait sa feuille de papier avec vigueur et semblait ne rien perdre des mots prononcés par le docteur. Quand il eut fini sa dernière phrase, il toucha l'épaule de la jeune fille et lui demanda de relire ce qu'il venait de dicter.

La fillette relut sans erreur, sans oublier un mot, ce que le docteur Dufau venait de lui dicter. Aussitôt, la foule se manifesta en applaudissant bruyamment, mais certains sceptiques se mirent à chahuter:

—Il y a une ruse!

—Nous ne sommes pas dupes!

—La fillette a appris son texte par coeur!

La confusion était totale. Louis se leva et chuchota quelques mots à l'oreille du docteur Dufau. Ce dernier calma l'assistance et proposa:

—J'ai besoin de deux élèves pour vous prouver qu'il n'y a pas de trucage. Le premier quittera la salle et le deuxième montera sur la scène.

Aussitôt, une dizaine d'étudiants se levèrent pour se porter volontaires. Le docteur Dufau en choisit deux et fit sortir le premier. Il demanda ensuite à un des invités de monter sur scène et de bien vouloir choisir un livre. Le docteur avait choisi le

spectateur le plus récalcitrant. Ce dernier s'empara d'un manuel, l'ouvrit au hasard et commença sa lecture. L'élève poinçonnait la feuille avec un grand sourire. La dictée terminée, le docteur Dufau demanda que l'on fasse entrer l'élève qui attendait à l'extérieur. Le jeune entra, saisit le papier de son collègue et relut exactement ce qui venait d'être dicté.

Un tonnerre d'applaudissements se fit entendre. L'assistance, debout, criait son approbation et son étonnement. Louis sentit un grand frisson le parcourir. Des larmes de bonheur coulèrent sur ses joues:

—Enfin, se dit-il, je peux maintenant me reposer.

22

Le Braille

En 1844, Louis avait 35 ans. Son alphabet circulait entre bonnes mains. On l'enseignait à l'institut et plusieurs autres écoles pour aveugles manifestaient leur intérêt pour cette curieuse invention.

Louis n'avait plus de raisons de rester à Paris. La maladie le rongeait de jour en jour. Il devait abandonner l'enseignement et se reposer. Il retourna donc dans son village de Coupvray où sa famille l'attendait.

Louis passa de longues heures à dormir, à lire et à recopier des livres. Ses soeurs se relayaient, à tour de rôle, pour lui faire la dictée. Une fois les livres terminés, on les acheminait par la poste à la bibliothèque de l'école.

Malgré la maladie et le travail, Louis recevait de nombreux visiteurs. Des professeurs et d'anciens élèves venaient lui donner des nouvelles de l'alphabet:

—Tu sais Louis, ils appellent ton alphabet «LE BRAILLE». On l'utilise de plus en plus…

Louis était heureux, mais il ne voulait pas qu'on le remercie:

—Utilisez le Braille! C'est tout! Lisez et instruisez-vous! Tel est mon plus grand désir!

En 1847, une première machine à imprimer le Braillefut mise au point. À partir de cette date, il devint possible de fabriquer ce genre de livres d'une façon mécanique, ce qui les rendait encore plus accessibles.

23

La fin comme un début

En décembre 1851, Louis attrapa un vilain rhume. Comme il était déjà très faible, il ne put combattre le virus. Sa toux s'aggrava. Ses amis furent convoqués à son chevet pour lui dire adieu. Après avoir rencontré le prêtre, Louis dit:

—Je n'ai pas peur de la mort. J'en suis si près que, maintenant, je demande à Dieu de me conduire auprès de lui!

❏

Le 6 janvier 1852, un violent orage déchira le ciel. Les vents fouettèrent les arbres avec une rare violence. La pluie, les éclairs et les coups de tonnerre redoublaient d'intensité de minute en minute. Louis Braille agonisa dans son lit en écoutant le concert de la nature. Il se laissa dériver vers la mort en souriant. Il avait réussi son combat.

Le coeur brisé, tous ses amis assistèrent à l'enterrement. Aucun journal ne fit mention de la mort de cet homme remarquable. Seulement une poignée d'hommes et de femmes connaissait l'importance de son oeuvre.

Mais depuis ce temps, petit à petit, le Braille s'imposa comme la méthode idéale de lecture et d'écriture pour aveugles.

Aujourd'hui, l'alphabet de Louis est traduit dans plusieurs langues et a été adopté dans de nombreuses écoles.

Grâce à l'acharnement de Louis Braille et à sa détermination, des milliers d'aveugles peuvent lire, écrire, sortir de l'ignorance et de la noirceur dans lesquelles ils étaient enfermés.

Merci Louis!

Danielle Vaillancourt

Je raconte l'histoire de Louis Braille dans les écoles et les bibliothèques du Québec depuis plus de six ans. Parfois, mes chiens: Laika, Myrtille et Max m'accompagnent.

Lors d'un voyage à Paris, je suis allée visiter Louis Braille à sa dernière demeure, le Panthéon (c'est le nom de l'endroit où sa dépouille a été enterrée). Je l'ai remercié, d'abord pour tous les aveugles qui, grâce à lui, peuvent maintenant lire et s'instruire, et aussi, pour tous les enfants qu'il a éveillés à la lecture et à l'effort.

Ce jeune homme simple et attachant est un ami extraordinaire. J'espère que vous l'aimerez autant que moi!

Francis Back

J'ai toujours été passionné par le dessin. Quand on me me demandaient quel serait mon métier plus tard, à peine haut comme trois pommes, je répondais: dessinateur.

Nous avons tous nos craintes et, très jeune, je me rappelle avoir eu peur de devenir aveugle. Moi qui aimais par-dessus tout lire, regarder des images et en créer de nouvelles, que deviendrais-je si je ne pouvais plus voir?

Voilà pourquoi *L'histoire de Louis Braille* m'a beaucoup ému. Je connaissais le personnage, mais j'ignorais son histoire. Je ne pensais pas que Louis Braille avait dû surmonter autant d'épreuves pour donner l'un des plus beaux cadeaux à l'humanité: permettre aux aveugles de lire et d'écrire.

Achevé d'imprimer sur les presses
de l'imprimerie Gauvin
à Gatineau
en octobre 2001